Lerner SPORTS ROOKIE en español

PASIÓN POR EL FÚTBOL

# LOS MOMENTOS MÁS INCREÍBLES DEL FÚTBOL

Cara Krenn

ediciones Lerner ◆ Mineàpolis

La traducción al español fue realizada por Zab Translation.



ediciones Lerner
Una división de Lerner Publishing Group, Inc.
241 First Avenue North
Mineápolis, MN 55401, EE. UU.

Si desea averiguar acerca de niveles de lectura y para obtener más información, favor consultar este título en www.lernerbooks.com.

Fuente del texto del cuerpo principal: Mikado.
Fuente proporcionada por HVD fonts.

**Library of Congress Cataloging-in-Publication Data**

Names: Krenn, Cara author
Title: Los momentos más increíbles del fútbol / Cara Krenn.
Other titles: Most incredible soccer moments. Spanish
Description: Minneapolis : Ediciones Lerner, [2026] | Series: Pasión por el fútbol (Lerner sports rookie en español) | Original title: Most incredible soccer moments | Includes bibliographical references and index. | Audience: Ages 5-8 | Audience: Grades K-1 | Summary: "One shot to win it all! Readers discover the most exhilarating goals, breathtaking saves, and historic wins in the history of professional soccer. Now in Spanish!"—Provided by publisher.
Identifiers: LCCN 2025020225 (print) | LCCN 2025020226 (ebook) | ISBN 9798765690369 lib. bdg. | ISBN 9798348028343 pbk | ISBN 9798765692646 epub
Subjects: LCSH: Soccer—Juvenile literature
Classification: LCC GV943.25 .K7418 2026 (print) | LCC GV943.25 (ebook) | DDC 796.334—dc23/eng/20250716

Fabricado en los Estados Unidos de América
1-1012786-54907-5/27/2025

# Contenido

# ¡Qué salvada!

Alisson Becker se abalanza para atrapar el balón. ¡Guau!

Alisson Becker

**¡Qué apasionante es el fútbol! Los mejores momentos del fútbol hacen que los aficionados alienten.**

Equipo nacional femenino de Estados Unidos

## EL FÚTBOL POR DENTRO

Brasil tiene la mayor cantidad de Copas Mundiales masculinas. Estados Unidos ha ganado la mayor cantidad de Copas Mundiales femeninas.

Brasil derrotó a Italia y ganó la Copa Mundial masculina en el año 1970. El último gol de Brasil fue uno de los mejores goles en equipo de todos los tiempos.

Casi todos los jugadores ayudaron. Carlos Alberto anotó después de un pase de Pelé.

Carlos Alberto
YARDLEY
Contac X
ivo... conciso... así es
MAJESTIC
Zaga
Pelikan
EL HERALDO

Argentina derrotó a Inglaterra durante la Copa Mundial masculina en el año 1986. Diego Maradona anotó el primer gol con la mano.

En el fútbol no se pueden usar las manos. ¡Los aficionados ingleses estaban enloquecidos! Más tarde durante el partido, Maradona dribleó y superó a muchos jugadores para volver a anotar.

Diego Maradona

El partido final de la Copa Mundial femenina de 1999 estaba empatado. El juego tenía que definirse por penales.

La portera estadounidense Briana Scurry hizo una gran salvada. Brandi Chastain desempató con su tiro. Estados Unidos venció a China.

## EL FÚTBOL POR DENTRO

Un penal es un tiro libre frente a la portería. Se patean penales cuando se le hace una falta a un jugador o para desempatar un partido.

Carli Lloyd marcó un hat trick en 16 minutos durante la final de la Copa Mundial femenina de 2015. Fue el más rápido que se haya visto en una Copa Mundial. Estados Unidos venció a Japón.

## EL FÚTBOL POR DENTRO

Un hat trick es cuando un jugador hace tres goles en un partido.

Estados Unidos estaba perdiendo con Brasil en la Copa Mundial femenina de 2011. Megan Rapinoe cruzó el balón. Entonces, Abby Wambach pateó y dio en la red.

El juego terminó en penales. Ganó Estados Unidos.

Abby Wambach

**Japón ganó la Copa Mundial femenina de 2011 después de un terremoto que asoló al país. El triunfo fue especial para Japón.**

Homare Sawa

La final de la Copa Mundial masculina de 2022 fue reñida. Lionel Messi marcó dos de los tres goles de Argentina.

Kylian Mbappé, de Francia, marcó un hat trick con el que empató el partido. Argentina ganó por penales.

Lionel Messi

**¡El fútbol es súper emocionante para los aficionados! ¿Cuál será el próximo gran momento?**

## Glosario

**cruzar:** pasar el balón al otro extremo del campo

**driblar:** mover el balón con los pies

**terremoto:** cuando parte de la Tierra se sacude

## Màs información


Buckley, James, Jr. *Perfect Penalty Kick!: The U.S. Women's Soccer Team at the 1999 World Cup*. Mineápolis: Bearport, 2024.

Leed, Percy. *Soccer's World Cup*. Mineápolis: Lerner Publications, 2025.

Wagner, Zelda. *Soccer Superstars*. Mineápolis: Lerner Publications, 2025.


## Índice



## Créditos por las fotografías


Créditos de las imágenes: Laurence Griffiths/Getty Images, p. 5; Mark Leech/Offside/Getty Images, p. 7; Popperfoto/Getty Images, p. 9; Paul Bereswill/Getty Images, p. 11; AP Photo/Eric Risberg, p. 13; Dennis Grombkowski/Getty Images, p. 15; Alex Livesey/FIFA a través de Getty Images, p. 17; Alex Grimm/Getty Images, p. 19; Anne-Christine Poujoulat/AFP a través de Getty Images, p. 21; Pedro Pardo/AFP a través de Getty Images, p. 23.

Portada: Matt Jacques/Alamy Live News.
Elementos de diseño: vid64/Getty Images; boytaro Thongbun/500px/Getty Images.